Pro

Date:

If found, please contact me using the details below:

© Forty Two Publishing

No part of this publication may be reproduced, stored in a retrieval system or transmitted, in any form or by any means, electronic, mechanical, photocopying, recording or otherwise, without permission in writing from the publisher.

Location: _____

Date: _____ Weather: _____

GPS Coordinates: _____

Metal Detector Model: _____

Metal Detector Settings: _____

Location Rating: | 1 | 2 | 3 | 4 | 5 | 6 | 7 | 8 | 9 | 10 |
Poor ⟵   ⟶ Excellent

Items Found:

Notes:

Location: _____

Date: _____ Weather: _____

GPS Coordinates: _____

Metal Detector Model: _____

Metal Detector Settings: _____

Location Rating: | 1 | 2 | 3 | 4 | 5 | 6 | 7 | 8 | 9 | 10 |
Poor ⬅———————— ————————➡ Excellent

Items Found:
_____
_____
_____
_____
_____
_____
_____
_____
_____
_____

Notes:
_____
_____
_____
_____

Location: _____

Date: _____ Weather: _____

GPS Coordinates: _____

Metal Detector Model: _____

Metal Detector Settings: _____

Location Rating: | 1 | 2 | 3 | 4 | 5 | 6 | 7 | 8 | 9 | 10 |
Poor ←—————— ——————→ Excellent

Items Found:

_____
_____
_____
_____
_____
_____
_____
_____
_____
_____
_____

Notes:

_____
_____
_____
_____

Location: _____

Date: _____ Weather: _____

GPS Coordinates: _____

Metal Detector Model: _____

Metal Detector Settings: _____

Location Rating: | 1 | 2 | 3 | 4 | 5 | 6 | 7 | 8 | 9 | 10 |
Poor ⟵   ⟶ Excellent

Items Found:

_____
_____
_____
_____
_____
_____
_____
_____
_____
_____
_____
_____

Notes:

_____
_____
_____
_____

Location: _____

Date: _____   Weather: _____

GPS Coordinates: _____

Metal Detector Model: _____

Metal Detector Settings: _____

Location Rating: | 1 | 2 | 3 | 4 | 5 | 6 | 7 | 8 | 9 | 10 |
Poor ⬅—————— ——————➡ Excellent

Items Found:
_____
_____
_____
_____
_____
_____
_____
_____
_____
_____

Notes:
_____
_____
_____
_____

Location: _____

Date: _____ Weather: _____

GPS Coordinates: _____

Metal Detector Model: _____

Metal Detector Settings: _____

Location Rating: | 1 | 2 | 3 | 4 | 5 | 6 | 7 | 8 | 9 | 10 |
Poor ←——————   ——————→ Excellent

Items Found:
_____
_____
_____
_____
_____
_____
_____
_____
_____
_____
_____
_____

Notes:
_____
_____
_____
_____

Location: _____

Date: _____ Weather: _____

GPS Coordinates: _____

Metal Detector Model: _____

Metal Detector Settings: _____

Location Rating: | 1 | 2 | 3 | 4 | 5 | 6 | 7 | 8 | 9 | 10 |
Poor ⇦   ⇨ Excellent

Items Found:
_____
_____
_____
_____
_____
_____
_____
_____
_____
_____
_____
_____
_____

Notes:
_____
_____
_____
_____
_____

Location: _____

Date: _____ Weather: _____

GPS Coordinates: _____

Metal Detector Model: _____

Metal Detector Settings: _____

Location Rating: | 1 | 2 | 3 | 4 | 5 | 6 | 7 | 8 | 9 | 10 |
Poor ⟵⟶ Excellent

Items Found:
_____
_____
_____
_____
_____
_____
_____
_____
_____
_____

Notes:
_____
_____
_____
_____

Location: _____

Date: _____ Weather: _____

GPS Coordinates: _____

Metal Detector Model: _____

Metal Detector Settings: _____

Location Rating: | 1 | 2 | 3 | 4 | 5 | 6 | 7 | 8 | 9 | 10 |
Poor ◄──────────   ──────────► Excellent

Items Found:

_____
_____
_____
_____
_____
_____
_____
_____
_____
_____
_____
_____

Notes:

_____
_____
_____
_____

Location: _____

Date: _____ Weather: _____

GPS Coordinates: _____

Metal Detector Model: _____

Metal Detector Settings: _____

Location Rating: [1] [2] [3] [4] [5] [6] [7] [8] [9] [10]
Poor ◄────────── ──────────► Excellent

Items Found:

Notes:

Location: _____

Date: _____ Weather: _____

GPS Coordinates: _____

Metal Detector Model: _____

Metal Detector Settings: _____

Location Rating: | 1 | 2 | 3 | 4 | 5 | 6 | 7 | 8 | 9 | 10 |
Poor ⬅——————➡ Excellent

Items Found:
_____
_____
_____
_____
_____
_____
_____
_____
_____
_____
_____
_____

Notes:
_____
_____
_____
_____

Location: _____

Date: _____ Weather: _____

GPS Coordinates: _____

Metal Detector Model: _____

Metal Detector Settings: _____

Location Rating: | 1 | 2 | 3 | 4 | 5 | 6 | 7 | 8 | 9 | 10 |
Poor ◄──────────── ────────────► Excellent

Items Found:
_____
_____
_____
_____
_____
_____
_____
_____
_____
_____
_____

Notes:
_____
_____
_____
_____

Location: _____

Date: _____ Weather: _____

GPS Coordinates: _____

Metal Detector Model: _____

Metal Detector Settings: _____

Location Rating: | 1 | 2 | 3 | 4 | 5 | 6 | 7 | 8 | 9 | 10 |
Poor ◄─────────   ─────────► Excellent

Items Found:
_____
_____
_____
_____
_____
_____
_____
_____
_____
_____
_____
_____

Notes:
_____
_____
_____
_____

Location: _____

Date: _____ Weather: _____

GPS Coordinates: _____

Metal Detector Model: _____

Metal Detector Settings: _____

Location Rating: | 1 | 2 | 3 | 4 | 5 | 6 | 7 | 8 | 9 | 10 |
Poor ⬅————————— —————————➡ Excellent

Items Found:

_____
_____
_____
_____
_____
_____
_____
_____
_____
_____
_____

Notes:

_____
_____
_____
_____
_____

Location: _____

Date: _____ Weather: _____

GPS Coordinates: _____

Metal Detector Model: _____

Metal Detector Settings: _____

Location Rating: | 1 | 2 | 3 | 4 | 5 | 6 | 7 | 8 | 9 | 10 |
Poor ◀—————— ——————▶ Excellent

Items Found:

_____
_____
_____
_____
_____
_____
_____
_____
_____
_____
_____

Notes:

_____
_____
_____
_____

Location: _____

Date: _____   Weather: _____

GPS Coordinates: _____

Metal Detector Model: _____

Metal Detector Settings: _____

Location Rating: ☐1 ☐2 ☐3 ☐4 ☐5 ☐6 ☐7 ☐8 ☐9 ☐10
Poor ←——————————   ——————————→ Excellent

Items Found:
_____
_____
_____
_____
_____
_____
_____
_____
_____
_____
_____
_____

Notes:
_____
_____
_____
_____
_____

Location: _____

Date: _____ Weather: _____

GPS Coordinates: _____

Metal Detector Model: _____

Metal Detector Settings: _____

Location Rating: | 1 | 2 | 3 | 4 | 5 | 6 | 7 | 8 | 9 | 10 |
Poor ⬅——————   ——————➤ Excellent

Items Found:
_____
_____
_____
_____
_____
_____
_____
_____
_____
_____
_____
_____

Notes:
_____
_____
_____
_____

Location: _____

Date: _____ Weather: _____

GPS Coordinates: _____

Metal Detector Model: _____

Metal Detector Settings: _____

Location Rating: | 1 | 2 | 3 | 4 | 5 | 6 | 7 | 8 | 9 | 10 |
Poor ←——————— ———————→ Excellent

Items Found:
_____
_____
_____
_____
_____
_____
_____
_____
_____
_____
_____

Notes:
_____
_____
_____
_____

Location: _____

Date: _____ Weather: _____

GPS Coordinates: _____

Metal Detector Model: _____

Metal Detector Settings: _____

Location Rating: [1] [2] [3] [4] [5] [6] [7] [8] [9] [10]
Poor ←——————   ——————→ Excellent

Items Found:

_____
_____
_____
_____
_____
_____
_____
_____
_____
_____
_____
_____

Notes:

_____
_____
_____
_____

Location: _____

Date: _____ Weather: _____

GPS Coordinates: _____

Metal Detector Model: _____

Metal Detector Settings: _____

Location Rating: | 1 | 2 | 3 | 4 | 5 | 6 | 7 | 8 | 9 | 10 |
Poor ←—————— ——————→ Excellent

Items Found:
_____
_____
_____
_____
_____
_____
_____
_____
_____
_____
_____
_____

Notes:
_____
_____
_____
_____
_____

Location: _____

Date: _____ Weather: _____

GPS Coordinates: _____

Metal Detector Model: _____

Metal Detector Settings: _____

Location Rating: | 1 | 2 | 3 | 4 | 5 | 6 | 7 | 8 | 9 | 10 |
Poor ←—————— ——————→ Excellent

Items Found:
_____
_____
_____
_____
_____
_____
_____
_____
_____
_____
_____

Notes:
_____
_____
_____
_____

Location: _____

Date: _____ Weather: _____

GPS Coordinates: _____

Metal Detector Model: _____

Metal Detector Settings: _____

Location Rating: | 1 | 2 | 3 | 4 | 5 | 6 | 7 | 8 | 9 | 10 |
Poor ←—————— ——————→ Excellent

Items Found:

Notes:

Location: _____

Date: _____   Weather: _____

GPS Coordinates: _____

Metal Detector Model: _____

Metal Detector Settings: _____

Location Rating: | 1 | 2 | 3 | 4 | 5 | 6 | 7 | 8 | 9 | 10 |
Poor ⟵   ⟶ Excellent

Items Found:
_____
_____
_____
_____
_____
_____
_____
_____
_____
_____
_____

Notes:
_____
_____
_____
_____

Location: _____

Date: _____ Weather: _____

GPS Coordinates: _____

Metal Detector Model: _____

Metal Detector Settings: _____

Location Rating: | 1 | 2 | 3 | 4 | 5 | 6 | 7 | 8 | 9 | 10 |
Poor ⬅————————————➡ Excellent

Items Found:
_____
_____
_____
_____
_____
_____
_____
_____
_____
_____
_____

Notes:
_____
_____
_____
_____

Location: _____

Date: _____ Weather: _____

GPS Coordinates: _____

Metal Detector Model: _____

Metal Detector Settings: _____

Location Rating: | 1 | 2 | 3 | 4 | 5 | 6 | 7 | 8 | 9 | 10 |
Poor ⟵   ⟶ Excellent

Items Found:

_____
_____
_____
_____
_____
_____
_____
_____
_____
_____
_____
_____

Notes:

_____
_____
_____
_____
_____

Location: _____

Date: _____ Weather: _____

GPS Coordinates: _____

Metal Detector Model: _____

Metal Detector Settings: _____

Location Rating: | 1 | 2 | 3 | 4 | 5 | 6 | 7 | 8 | 9 | 10 |
Poor ◀—————— ——————▶ Excellent

Items Found:

_____
_____
_____
_____
_____
_____
_____
_____
_____
_____
_____
_____

Notes:

_____
_____
_____
_____

Location: _____

Date: _____ Weather: _____

GPS Coordinates: _____

Metal Detector Model: _____

Metal Detector Settings: _____

Location Rating: | 1 | 2 | 3 | 4 | 5 | 6 | 7 | 8 | 9 | 10 |
Poor ←――――――― ―――――――→ Excellent

Items Found:

_____
_____
_____
_____
_____
_____
_____
_____
_____
_____
_____

Notes:

_____
_____
_____
_____

Location: _____

Date: _____ Weather: _____

GPS Coordinates: _____

Metal Detector Model: _____

Metal Detector Settings: _____

Location Rating: [1] [2] [3] [4] [5] [6] [7] [8] [9] [10]
Poor ◄────────────── ──────────────► Excellent

Items Found:

_____
_____
_____
_____
_____
_____
_____
_____
_____
_____
_____
_____

Notes:

_____
_____
_____
_____

Location: _____

Date: _____ Weather: _____

GPS Coordinates: _____

Metal Detector Model: _____

Metal Detector Settings: _____

Location Rating: | 1 | 2 | 3 | 4 | 5 | 6 | 7 | 8 | 9 | 10 |
Poor ⬅——————   ——————➡ Excellent

Items Found:
_____
_____
_____
_____
_____
_____
_____
_____
_____
_____

Notes:
_____
_____
_____
_____

Location: _____

Date: _____ Weather: _____

GPS Coordinates: _____

Metal Detector Model: _____

Metal Detector Settings: _____

Location Rating: | 1 | 2 | 3 | 4 | 5 | 6 | 7 | 8 | 9 | 10 |
Poor ⬅——————   ——————➡ Excellent

Items Found:
_____
_____
_____
_____
_____
_____
_____
_____
_____
_____
_____

Notes:
_____
_____
_____
_____

Location: _____

Date: _____   Weather: _____

GPS Coordinates: _____

Metal Detector Model: _____

Metal Detector Settings: _____

Location Rating: [1] [2] [3] [4] [5] [6] [7] [8] [9] [10]
Poor ←———————— ————————→ Excellent

Items Found:
_____
_____
_____
_____
_____
_____
_____
_____
_____
_____
_____
_____

Notes:
_____
_____
_____
_____
_____

Location: _____

Date: _____ Weather: _____

GPS Coordinates: _____

Metal Detector Model: _____

Metal Detector Settings: _____

Location Rating: [1] [2] [3] [4] [5] [6] [7] [8] [9] [10]
Poor ⬅—————— ——————➡ Excellent

Items Found:
_____
_____
_____
_____
_____
_____
_____
_____
_____
_____
_____
_____

Notes:
_____
_____
_____
_____

Location: _____

Date: _____ Weather: _____

GPS Coordinates: _____

Metal Detector Model: _____

Metal Detector Settings: _____

Location Rating: | 1 | 2 | 3 | 4 | 5 | 6 | 7 | 8 | 9 | 10 |
Poor ←――――――   ――――――→ Excellent

Items Found:
_____
_____
_____
_____
_____
_____
_____
_____
_____
_____
_____

Notes:
_____
_____
_____
_____

Location: _____

Date: _____ Weather: _____

GPS Coordinates: _____

Metal Detector Model: _____

Metal Detector Settings: _____

Location Rating: | 1 | 2 | 3 | 4 | 5 | 6 | 7 | 8 | 9 | 10 |
Poor ◄───────────── ─────────────► Excellent

Items Found:
_____
_____
_____
_____
_____
_____
_____
_____
_____
_____
_____
_____

Notes:
_____
_____
_____
_____

Location: _____

Date: _____   Weather: _____

GPS Coordinates: _____

Metal Detector Model: _____

Metal Detector Settings: _____

Location Rating: | 1 | 2 | 3 | 4 | 5 | 6 | 7 | 8 | 9 | 10 |
Poor ←————————   ————————→ Excellent

Items Found:
_____
_____
_____
_____
_____
_____
_____
_____
_____
_____

Notes:
_____
_____
_____
_____

Location: _____

Date: _____ Weather: _____

GPS Coordinates: _____

Metal Detector Model: _____

Metal Detector Settings: _____

Location Rating: | 1 | 2 | 3 | 4 | 5 | 6 | 7 | 8 | 9 | 10 |
Poor ◄──────────── ────────────► Excellent

Items Found:
_____
_____
_____
_____
_____
_____
_____
_____
_____
_____

Notes:
_____
_____
_____
_____

Location: _____

Date: _____ Weather: _____

GPS Coordinates: _____

Metal Detector Model: _____

Metal Detector Settings: _____

Location Rating: | 1 | 2 | 3 | 4 | 5 | 6 | 7 | 8 | 9 | 10 |
Poor ←———————— ————————→ Excellent

Items Found:

_____
_____
_____
_____
_____
_____
_____
_____
_____
_____
_____
_____

Notes:

_____
_____
_____
_____

Location: _____

Date: _____ Weather: _____

GPS Coordinates: _____

Metal Detector Model: _____

Metal Detector Settings: _____

Location Rating: | 1 | 2 | 3 | 4 | 5 | 6 | 7 | 8 | 9 | 10 |
Poor ⟵   ⟶ Excellent

Items Found:

Notes:

Location: _____

Date: _____ Weather: _____

GPS Coordinates: _____

Metal Detector Model: _____

Metal Detector Settings: _____

Location Rating: | 1 | 2 | 3 | 4 | 5 | 6 | 7 | 8 | 9 | 10 |
Poor ⬅————————   ————————➡ Excellent

Items Found:
_____
_____
_____
_____
_____
_____
_____
_____
_____
_____

Notes:
_____
_____
_____
_____

Location: _____

Date: _____ Weather: _____

GPS Coordinates: _____

Metal Detector Model: _____

Metal Detector Settings: _____

Location Rating: | 1 | 2 | 3 | 4 | 5 | 6 | 7 | 8 | 9 | 10 |
Poor ⬅—————————— ——————————➡ Excellent

Items Found:
_____
_____
_____
_____
_____
_____
_____
_____
_____
_____
_____
_____

Notes:
_____
_____
_____
_____
_____

Location: _____

Date: _____ Weather: _____

GPS Coordinates: _____

Metal Detector Model: _____

Metal Detector Settings: _____

Location Rating: [1] [2] [3] [4] [5] [6] [7] [8] [9] [10]
Poor ⬅—————————— ——————————➡ Excellent

Items Found:
_____
_____
_____
_____
_____
_____
_____
_____
_____
_____
_____
_____

Notes:
_____
_____
_____
_____

Location: _____

Date: _____ Weather: _____

GPS Coordinates: _____

Metal Detector Model: _____

Metal Detector Settings: _____

Location Rating: | 1 | 2 | 3 | 4 | 5 | 6 | 7 | 8 | 9 | 10 |
Poor ⟵   ⟶ Excellent

Items Found:
_____
_____
_____
_____
_____
_____
_____
_____
_____
_____
_____

Notes:
_____
_____
_____
_____

Location: _____

Date: _____ Weather: _____

GPS Coordinates: _____

Metal Detector Model: _____

Metal Detector Settings: _____

Location Rating: | 1 | 2 | 3 | 4 | 5 | 6 | 7 | 8 | 9 | 10 |
Poor ⬅——————— ———————➡ Excellent

Items Found:
_____
_____
_____
_____
_____
_____
_____
_____
_____
_____
_____
_____

Notes:
_____
_____
_____
_____

Location: _____

Date: _____ Weather: _____

GPS Coordinates: _____

Metal Detector Model: _____

Metal Detector Settings: _____

Location Rating: [1] [2] [3] [4] [5] [6] [7] [8] [9] [10]
Poor ⟵⟶ Excellent

Items Found:

_____
_____
_____
_____
_____
_____
_____
_____
_____
_____
_____
_____
_____

Notes:

_____
_____
_____
_____
_____

Location: _____

Date: _____ Weather: _____

GPS Coordinates: _____

Metal Detector Model: _____

Metal Detector Settings: _____

Location Rating: | 1 | 2 | 3 | 4 | 5 | 6 | 7 | 8 | 9 | 10 |
Poor ⟵————————   ————————⟶ Excellent

Items Found:
_____
_____
_____
_____
_____
_____
_____
_____
_____
_____
_____

Notes:
_____
_____
_____
_____
_____

Location: _____

Date: _____ Weather: _____

GPS Coordinates: _____

Metal Detector Model: _____

Metal Detector Settings: _____

Location Rating: [1] [2] [3] [4] [5] [6] [7] [8] [9] [10]
Poor ⟵⟶ Excellent

Items Found:
_____
_____
_____
_____
_____
_____
_____
_____
_____
_____
_____

Notes:
_____
_____
_____
_____

Location: _____

Date: _____ Weather: _____

GPS Coordinates: _____

Metal Detector Model: _____

Metal Detector Settings: _____

Location Rating: | 1 | 2 | 3 | 4 | 5 | 6 | 7 | 8 | 9 | 10 |
Poor ⬅—————— ——————➡ Excellent

Items Found:
_____
_____
_____
_____
_____
_____
_____
_____
_____
_____
_____

Notes:
_____
_____
_____
_____

Location: _____

Date: _____ Weather: _____

GPS Coordinates: _____

Metal Detector Model: _____

Metal Detector Settings: _____

Location Rating: | 1 | 2 | 3 | 4 | 5 | 6 | 7 | 8 | 9 | 10 |
Poor ⬅──────── ────────➡ Excellent

Items Found:
_____
_____
_____
_____
_____
_____
_____
_____
_____
_____
_____

Notes:
_____
_____
_____
_____

Location: _____

Date: _____ Weather: _____

GPS Coordinates: _____

Metal Detector Model: _____

Metal Detector Settings: _____

Location Rating: | 1 | 2 | 3 | 4 | 5 | 6 | 7 | 8 | 9 | 10 |
Poor ⟵   ⟶ Excellent

Items Found:

_____
_____
_____
_____
_____
_____
_____
_____
_____
_____
_____

Notes:

_____
_____
_____
_____

Location: _____

Date: _____ Weather: _____

GPS Coordinates: _____

Metal Detector Model: _____

Metal Detector Settings: _____

Location Rating: | 1 | 2 | 3 | 4 | 5 | 6 | 7 | 8 | 9 | 10 |
Poor ⬅———————   ———————➡ Excellent

Items Found:

_____
_____
_____
_____
_____
_____
_____
_____
_____
_____
_____
_____
_____

Notes:

_____
_____
_____
_____

Location: _____

Date: _____ Weather: _____

GPS Coordinates: _____

Metal Detector Model: _____

Metal Detector Settings: _____

Location Rating: | 1 | 2 | 3 | 4 | 5 | 6 | 7 | 8 | 9 | 10 |
Poor ⟵   ⟶ Excellent

Items Found:
_____
_____
_____
_____
_____
_____
_____
_____
_____
_____
_____
_____

Notes:
_____
_____
_____
_____

Location: _____

Date: _____ Weather: _____

GPS Coordinates: _____

Metal Detector Model: _____

Metal Detector Settings: _____

Location Rating: | 1 | 2 | 3 | 4 | 5 | 6 | 7 | 8 | 9 | 10 |
Poor ←—————— ——————→ Excellent

Items Found:

_____
_____
_____
_____
_____
_____
_____
_____
_____
_____
_____
_____
_____

Notes:

_____
_____
_____
_____

Location: _____

Date: _____ Weather: _____

GPS Coordinates: _____

Metal Detector Model: _____

Metal Detector Settings: _____

Location Rating: | 1 | 2 | 3 | 4 | 5 | 6 | 7 | 8 | 9 | 10 |
Poor ⬅——————   ——————➡ Excellent

Items Found:
_____
_____
_____
_____
_____
_____
_____
_____
_____
_____

Notes:
_____
_____
_____
_____
_____

Location: _____

Date: _____ Weather: _____

GPS Coordinates: _____

Metal Detector Model: _____

Metal Detector Settings: _____

Location Rating: [1] [2] [3] [4] [5] [6] [7] [8] [9] [10]
Poor ⟵   ⟶ Excellent

Items Found:

_____
_____
_____
_____
_____
_____
_____
_____
_____
_____

Notes:

_____
_____
_____
_____
_____

Location: _____

Date: _____ Weather: _____

GPS Coordinates: _____

Metal Detector Model: _____

Metal Detector Settings: _____

Location Rating: [1] [2] [3] [4] [5] [6] [7] [8] [9] [10]
Poor ◄────────── ──────────► Excellent

Items Found:

_____
_____
_____
_____
_____
_____
_____
_____
_____
_____
_____

Notes:

_____
_____
_____
_____

Location: _____

Date: _____ Weather: _____

GPS Coordinates: _____

Metal Detector Model: _____

Metal Detector Settings: _____

Location Rating: | 1 | 2 | 3 | 4 | 5 | 6 | 7 | 8 | 9 | 10 |
Poor ←——————— ———————→ Excellent

Items Found:

_____
_____
_____
_____
_____
_____
_____
_____
_____
_____
_____
_____

Notes:

_____
_____
_____
_____

Location: _____

Date: _____   Weather: _____

GPS Coordinates: _____

Metal Detector Model: _____

Metal Detector Settings: _____

Location Rating: | 1 | 2 | 3 | 4 | 5 | 6 | 7 | 8 | 9 | 10 |
Poor ⟵   ⟶ Excellent

Items Found:
_____
_____
_____
_____
_____
_____
_____
_____
_____
_____
_____
_____

Notes:
_____
_____
_____
_____

Location: _____

Date: _____   Weather: _____

GPS Coordinates: _____

Metal Detector Model: _____

Metal Detector Settings: _____

Location Rating: | 1 | 2 | 3 | 4 | 5 | 6 | 7 | 8 | 9 | 10 |
Poor ⬅—————— ——————➡ Excellent

Items Found:
_____
_____
_____
_____
_____
_____
_____
_____
_____
_____
_____

Notes:
_____
_____
_____
_____

Location: _____

Date: _____ Weather: _____

GPS Coordinates: _____

Metal Detector Model: _____

Metal Detector Settings: _____

Location Rating: | 1 | 2 | 3 | 4 | 5 | 6 | 7 | 8 | 9 | 10 |
Poor ←———————— ————————→ Excellent

Items Found:
_____
_____
_____
_____
_____
_____
_____
_____
_____
_____
_____

Notes:
_____
_____
_____
_____

Location: _____

Date: _____ Weather: _____

GPS Coordinates: _____

Metal Detector Model: _____

Metal Detector Settings: _____

Location Rating: | 1 | 2 | 3 | 4 | 5 | 6 | 7 | 8 | 9 | 10 |
Poor ⟵   ⟶ Excellent

Items Found:
_____
_____
_____
_____
_____
_____
_____
_____
_____
_____
_____
_____

Notes:
_____
_____
_____
_____

Location: _____

Date: _____ Weather: _____

GPS Coordinates: _____

Metal Detector Model: _____

Metal Detector Settings: _____

Location Rating: [1] [2] [3] [4] [5] [6] [7] [8] [9] [10]
Poor ⟵   ⟶ Excellent

Items Found:

_____
_____
_____
_____
_____
_____
_____
_____
_____
_____
_____
_____

Notes:

_____
_____
_____
_____

Location: _____

Date: _____ Weather: _____

GPS Coordinates: _____

Metal Detector Model: _____

Metal Detector Settings: _____

Location Rating: [1] [2] [3] [4] [5] [6] [7] [8] [9] [10]
                  Poor ⬅—————— ——————➡ Excellent

Items Found:

_____
_____
_____
_____
_____
_____
_____
_____
_____
_____
_____
_____

Notes:

_____
_____
_____
_____

Location: _____

Date: _____ Weather: _____

GPS Coordinates: _____

Metal Detector Model: _____

Metal Detector Settings: _____

Location Rating: | 1 | 2 | 3 | 4 | 5 | 6 | 7 | 8 | 9 | 10 |
Poor ⟵   ⟶ Excellent

Items Found:
_____
_____
_____
_____
_____
_____
_____
_____
_____
_____
_____

Notes:
_____
_____
_____
_____

Location: _____

Date: _____ Weather: _____

GPS Coordinates: _____

Metal Detector Model: _____

Metal Detector Settings: _____

Location Rating: | 1 | 2 | 3 | 4 | 5 | 6 | 7 | 8 | 9 | 10 |
Poor ⬅——————— ———————➡ Excellent

Items Found:
_____
_____
_____
_____
_____
_____
_____
_____
_____
_____
_____
_____

Notes:
_____
_____
_____
_____

Location: _____

Date: _____ Weather: _____

GPS Coordinates: _____

Metal Detector Model: _____

Metal Detector Settings: _____

Location Rating: | 1 | 2 | 3 | 4 | 5 | 6 | 7 | 8 | 9 | 10 |
Poor ←——————— ———————→ Excellent

Items Found:
_____
_____
_____
_____
_____
_____
_____
_____
_____
_____
_____
_____

Notes:
_____
_____
_____
_____
_____

Location: _____

Date: _____ Weather: _____

GPS Coordinates: _____

Metal Detector Model: _____

Metal Detector Settings: _____

Location Rating: [1] [2] [3] [4] [5] [6] [7] [8] [9] [10]
Poor ⬅——————— ———————➡ Excellent

Items Found:
_____
_____
_____
_____
_____
_____
_____
_____
_____
_____

Notes:
_____
_____
_____
_____

Location: _____

Date: _____ Weather: _____

GPS Coordinates: _____

Metal Detector Model: _____

Metal Detector Settings: _____

Location Rating: | 1 | 2 | 3 | 4 | 5 | 6 | 7 | 8 | 9 | 10 |
Poor ←————————— —————————→ Excellent

Items Found:

_____
_____
_____
_____
_____
_____
_____
_____
_____
_____
_____
_____

Notes:

_____
_____
_____
_____

Location: _____

Date: _____ Weather: _____

GPS Coordinates: _____

Metal Detector Model: _____

Metal Detector Settings: _____

Location Rating: [1] [2] [3] [4] [5] [6] [7] [8] [9] [10]
Poor ⬅   ➡ Excellent

Items Found:
_____
_____
_____
_____
_____
_____
_____
_____
_____
_____
_____
_____

Notes:
_____
_____
_____
_____

Location: _____

Date: _____ Weather: _____

GPS Coordinates: _____

Metal Detector Model: _____

Metal Detector Settings: _____

Location Rating: | 1 | 2 | 3 | 4 | 5 | 6 | 7 | 8 | 9 | 10 |
Poor ◄──────────── ────────────► Excellent

Items Found:
_____
_____
_____
_____
_____
_____
_____
_____
_____
_____
_____

Notes:
_____
_____
_____
_____

Location: _____

Date: _____ Weather: _____

GPS Coordinates: _____

Metal Detector Model: _____

Metal Detector Settings: _____

Location Rating: | 1 | 2 | 3 | 4 | 5 | 6 | 7 | 8 | 9 | 10 |
Poor ←———————— ————————→ Excellent

Items Found:
_____
_____
_____
_____
_____
_____
_____
_____
_____
_____
_____
_____

Notes:
_____
_____
_____
_____

Location: _____

Date: _____ Weather: _____

GPS Coordinates: _____

Metal Detector Model: _____

Metal Detector Settings: _____

Location Rating: | 1 | 2 | 3 | 4 | 5 | 6 | 7 | 8 | 9 | 10 |
Poor ←——————   ——————→ Excellent

Items Found:
_____
_____
_____
_____
_____
_____
_____
_____
_____
_____
_____

Notes:
_____
_____
_____
_____

Location: _____

Date: _____ Weather: _____

GPS Coordinates: _____

Metal Detector Model: _____

Metal Detector Settings: _____

Location Rating: | 1 | 2 | 3 | 4 | 5 | 6 | 7 | 8 | 9 | 10 |
Poor ⟵   ⟶ Excellent

Items Found:
_____
_____
_____
_____
_____
_____
_____
_____
_____
_____
_____

Notes:
_____
_____
_____
_____

Location: _____

Date: _____ Weather: _____

GPS Coordinates: _____

Metal Detector Model: _____

Metal Detector Settings: _____

Location Rating: | 1 | 2 | 3 | 4 | 5 | 6 | 7 | 8 | 9 | 10 |
Poor ⟵   ⟶ Excellent

Items Found:
_____
_____
_____
_____
_____
_____
_____
_____
_____
_____
_____
_____

Notes:
_____
_____
_____
_____

Location: _____

Date: _____ Weather: _____

GPS Coordinates: _____

Metal Detector Model: _____

Metal Detector Settings: _____

Location Rating: | 1 | 2 | 3 | 4 | 5 | 6 | 7 | 8 | 9 | 10 |
Poor ←—————— ——————→ Excellent

Items Found:

_____
_____
_____
_____
_____
_____
_____
_____
_____
_____
_____
_____

Notes:

_____
_____
_____
_____

Location: _____

Date: _____ Weather: _____

GPS Coordinates: _____

Metal Detector Model: _____

Metal Detector Settings: _____

Location Rating: | 1 | 2 | 3 | 4 | 5 | 6 | 7 | 8 | 9 | 10 |
Poor ←——————— ———————→ Excellent

Items Found:

_____
_____
_____
_____
_____
_____
_____
_____
_____
_____
_____

Notes:

_____
_____
_____
_____
_____

Location: _____

Date: _____ Weather: _____

GPS Coordinates: _____

Metal Detector Model: _____

Metal Detector Settings: _____

Location Rating: | 1 | 2 | 3 | 4 | 5 | 6 | 7 | 8 | 9 | 10 |
Poor ⬅ ➡ Excellent

Items Found:
_____
_____
_____
_____
_____
_____
_____
_____
_____
_____
_____
_____

Notes:
_____
_____
_____
_____

Location: _____

Date: _____ Weather: _____

GPS Coordinates: _____

Metal Detector Model: _____

Metal Detector Settings: _____

Location Rating: | 1 | 2 | 3 | 4 | 5 | 6 | 7 | 8 | 9 | 10 |
Poor ←—————— ——————→ Excellent

Items Found:
_____
_____
_____
_____
_____
_____
_____
_____
_____
_____
_____
_____

Notes:
_____
_____
_____
_____

Location: _____

Date: _____ Weather: _____

GPS Coordinates: _____

Metal Detector Model: _____

Metal Detector Settings: _____

Location Rating: | 1 | 2 | 3 | 4 | 5 | 6 | 7 | 8 | 9 | 10 |
Poor ←—————— ——————→ Excellent

Items Found:

_____
_____
_____
_____
_____
_____
_____
_____
_____
_____
_____

Notes:

_____
_____
_____
_____

Location: _____

Date: _____   Weather: _____

GPS Coordinates: _____

Metal Detector Model: _____

Metal Detector Settings: _____

Location Rating: | 1 | 2 | 3 | 4 | 5 | 6 | 7 | 8 | 9 | 10 |
Poor ←————————   ————————→ Excellent

Items Found:
_____
_____
_____
_____
_____
_____
_____
_____
_____
_____
_____
_____

Notes:
_____
_____
_____
_____
_____

Location: _____

Date: _____ Weather: _____

GPS Coordinates: _____

Metal Detector Model: _____

Metal Detector Settings: _____

Location Rating: [1] [2] [3] [4] [5] [6] [7] [8] [9] [10]
Poor ⬅—————— ——————➡ Excellent

Items Found:

_____
_____
_____
_____
_____
_____
_____
_____
_____
_____
_____
_____

Notes:

_____
_____
_____
_____

Location: _____

Date: _____ Weather: _____

GPS Coordinates: _____

Metal Detector Model: _____

Metal Detector Settings: _____

Location Rating: | 1 | 2 | 3 | 4 | 5 | 6 | 7 | 8 | 9 | 10 |
Poor ⬅────────── ──────────➡ Excellent

Items Found:
_____
_____
_____
_____
_____
_____
_____
_____
_____
_____
_____

Notes:
_____
_____
_____
_____
_____

Location: _____

Date: _____   Weather: _____

GPS Coordinates: _____

Metal Detector Model: _____

Metal Detector Settings: _____

Location Rating: | 1 | 2 | 3 | 4 | 5 | 6 | 7 | 8 | 9 | 10 |
Poor ⬅——————— ———————➡ Excellent

Items Found:
_____
_____
_____
_____
_____
_____
_____
_____
_____
_____
_____
_____

Notes:
_____
_____
_____
_____

Location: _____

Date: _____ Weather: _____

GPS Coordinates: _____

Metal Detector Model: _____

Metal Detector Settings: _____

Location Rating: [1] [2] [3] [4] [5] [6] [7] [8] [9] [10]
Poor ←——————— ———————→ Excellent

Items Found:
_____
_____
_____
_____
_____
_____
_____
_____
_____
_____
_____

Notes:
_____
_____
_____
_____

Location: _____

Date: _____   Weather: _____

GPS Coordinates: _____

Metal Detector Model: _____

Metal Detector Settings: _____

Location Rating: | 1 | 2 | 3 | 4 | 5 | 6 | 7 | 8 | 9 | 10 |
Poor ⟵   ⟶ Excellent

Items Found:
_____
_____
_____
_____
_____
_____
_____
_____
_____
_____
_____

Notes:
_____
_____
_____
_____

Location: _____

Date: _____   Weather: _____

GPS Coordinates: _____

Metal Detector Model: _____

Metal Detector Settings: _____

Location Rating: [1] [2] [3] [4] [5] [6] [7] [8] [9] [10]
Poor ◄─────────   ─────────► Excellent

Items Found:
_____
_____
_____
_____
_____
_____
_____
_____
_____
_____
_____
_____

Notes:
_____
_____
_____
_____

Location: _____

Date: _____ Weather: _____

GPS Coordinates: _____

Metal Detector Model: _____

Metal Detector Settings: _____

Location Rating: | 1 | 2 | 3 | 4 | 5 | 6 | 7 | 8 | 9 | 10 |
Poor ⬅———————— ————————➡ Excellent

Items Found:

_____
_____
_____
_____
_____
_____
_____
_____
_____
_____
_____
_____

Notes:

_____
_____
_____
_____

Location: _____

Date: _____ Weather: _____

GPS Coordinates: _____

Metal Detector Model: _____

Metal Detector Settings: _____

Location Rating: | 1 | 2 | 3 | 4 | 5 | 6 | 7 | 8 | 9 | 10 |
Poor ⟵——————   ——————⟶ Excellent

Items Found:
_____
_____
_____
_____
_____
_____
_____
_____
_____
_____
_____
_____

Notes:
_____
_____
_____
_____

Location: _____

Date: _____ Weather: _____

GPS Coordinates: _____

Metal Detector Model: _____

Metal Detector Settings: _____

Location Rating: | 1 | 2 | 3 | 4 | 5 | 6 | 7 | 8 | 9 | 10 |
Poor ←—————— ——————→ Excellent

Items Found:
_____
_____
_____
_____
_____
_____
_____
_____
_____
_____
_____

Notes:
_____
_____
_____
_____

Location: _____

Date: _____ Weather: _____

GPS Coordinates: _____

Metal Detector Model: _____

Metal Detector Settings: _____

Location Rating: | 1 | 2 | 3 | 4 | 5 | 6 | 7 | 8 | 9 | 10 |
Poor ← → Excellent

Items Found:
_____
_____
_____
_____
_____
_____
_____
_____
_____
_____
_____

Notes:
_____
_____
_____
_____

Location: _____

Date: _____ Weather: _____

GPS Coordinates: _____

Metal Detector Model: _____

Metal Detector Settings: _____

Location Rating: | 1 | 2 | 3 | 4 | 5 | 6 | 7 | 8 | 9 | 10 |
Poor ←——————   ——————→ Excellent

Items Found:
_____
_____
_____
_____
_____
_____
_____
_____
_____
_____
_____

Notes:
_____
_____
_____
_____

Location: _____

Date: _____ Weather: _____

GPS Coordinates: _____

Metal Detector Model: _____

Metal Detector Settings: _____

Location Rating: | 1 | 2 | 3 | 4 | 5 | 6 | 7 | 8 | 9 | 10 |
Poor ⬅—————— ——————➡ Excellent

Items Found:
_____
_____
_____
_____
_____
_____
_____
_____
_____
_____
_____
_____

Notes:
_____
_____
_____
_____

Location: _____

Date: _____ Weather: _____

GPS Coordinates: _____

Metal Detector Model: _____

Metal Detector Settings: _____

Location Rating: [1] [2] [3] [4] [5] [6] [7] [8] [9] [10]
Poor ◄─────────   ─────────► Excellent

Items Found:
_____
_____
_____
_____
_____
_____
_____
_____
_____
_____
_____
_____

Notes:
_____
_____
_____
_____

Location: _____

Date: _____ Weather: _____

GPS Coordinates: _____

Metal Detector Model: _____

Metal Detector Settings: _____

Location Rating: | 1 | 2 | 3 | 4 | 5 | 6 | 7 | 8 | 9 | 10 |
Poor ⟵   ⟶ Excellent

Items Found:

_____
_____
_____
_____
_____
_____
_____
_____
_____
_____
_____
_____

Notes:

_____
_____
_____
_____

Location: _____

Date: _____ Weather: _____

GPS Coordinates: _____

Metal Detector Model: _____

Metal Detector Settings: _____

Location Rating: | 1 | 2 | 3 | 4 | 5 | 6 | 7 | 8 | 9 | 10 |
Poor ⬅———————   ———————➡ Excellent

Items Found:

_____
_____
_____
_____
_____
_____
_____
_____
_____
_____
_____

Notes:

_____
_____
_____
_____

Location: _____

Date: _____ Weather: _____

GPS Coordinates: _____

Metal Detector Model: _____

Metal Detector Settings: _____

Location Rating: | 1 | 2 | 3 | 4 | 5 | 6 | 7 | 8 | 9 | 10 |
Poor ←——————   ——————→ Excellent

Items Found:
_____
_____
_____
_____
_____
_____
_____
_____
_____
_____
_____

Notes:
_____
_____
_____
_____

Location: _____

Date: _____   Weather: _____

GPS Coordinates: _____

Metal Detector Model: _____

Metal Detector Settings: _____

Location Rating: | 1 | 2 | 3 | 4 | 5 | 6 | 7 | 8 | 9 | 10 |
Poor ⟵   ⟶ Excellent

Items Found:
_____
_____
_____
_____
_____
_____
_____
_____
_____
_____

Notes:
_____
_____
_____
_____

Location: _____

Date: _____ Weather: _____

GPS Coordinates: _____

Metal Detector Model: _____

Metal Detector Settings: _____

Location Rating: | 1 | 2 | 3 | 4 | 5 | 6 | 7 | 8 | 9 | 10 |
Poor ◄—————— ——————► Excellent

Items Found:

_____
_____
_____
_____
_____
_____
_____
_____
_____
_____
_____

Notes:

_____
_____
_____
_____
_____

Location: _____

Date: _____ Weather: _____

GPS Coordinates: _____

Metal Detector Model: _____

Metal Detector Settings: _____

Location Rating: | 1 | 2 | 3 | 4 | 5 | 6 | 7 | 8 | 9 | 10 |
Poor ←—————— ——————→ Excellent

Items Found:
_____
_____
_____
_____
_____
_____
_____
_____
_____
_____
_____
_____

Notes:
_____
_____
_____
_____

Location: _____

Date: _____   Weather: _____

GPS Coordinates: _____

Metal Detector Model: _____

Metal Detector Settings: _____

Location Rating: | 1 | 2 | 3 | 4 | 5 | 6 | 7 | 8 | 9 | 10 |
Poor ←―――――― ――――――→ Excellent

Items Found:
_____
_____
_____
_____
_____
_____
_____
_____
_____
_____
_____
_____

Notes:
_____
_____
_____
_____

Location: _____

Date: _____ Weather: _____

GPS Coordinates: _____

Metal Detector Model: _____

Metal Detector Settings: _____

Location Rating: | 1 | 2 | 3 | 4 | 5 | 6 | 7 | 8 | 9 | 10 |
Poor ⟵   ⟶ Excellent

Items Found:
_____
_____
_____
_____
_____
_____
_____
_____
_____
_____
_____

Notes:
_____
_____
_____
_____

Location: _____

Date: _____ Weather: _____

GPS Coordinates: _____

Metal Detector Model: _____

Metal Detector Settings: _____

Location Rating: | 1 | 2 | 3 | 4 | 5 | 6 | 7 | 8 | 9 | 10 |
Poor ⬅——————   ——————➡ Excellent

Items Found:
_____
_____
_____
_____
_____
_____
_____
_____
_____
_____
_____

Notes:
_____
_____
_____
_____

Location: _____

Date: _____ Weather: _____

GPS Coordinates: _____

Metal Detector Model: _____

Metal Detector Settings: _____

Location Rating: [1] [2] [3] [4] [5] [6] [7] [8] [9] [10]
Poor ⬅——————— ———————➡ Excellent

Items Found:

_____
_____
_____
_____
_____
_____
_____
_____
_____
_____
_____
_____

Notes:

_____
_____
_____
_____

Location: _____

Date: _____ Weather: _____

GPS Coordinates: _____

Metal Detector Model: _____

Metal Detector Settings: _____

Location Rating: | 1 | 2 | 3 | 4 | 5 | 6 | 7 | 8 | 9 | 10 |
Poor ←—————— ——————→ Excellent

Items Found:

_____
_____
_____
_____
_____
_____
_____
_____
_____
_____
_____

Notes:

_____
_____
_____
_____
_____

Location: _____

Date: _____ Weather: _____

GPS Coordinates: _____

Metal Detector Model: _____

Metal Detector Settings: _____

Location Rating: | 1 | 2 | 3 | 4 | 5 | 6 | 7 | 8 | 9 | 10 |
Poor ←——————   ——————→ Excellent

Items Found:
_____
_____
_____
_____
_____
_____
_____
_____
_____
_____
_____
_____
_____

Notes:
_____
_____
_____
_____
_____

Location: _____

Date: _____ Weather: _____

GPS Coordinates: _____

Metal Detector Model: _____

Metal Detector Settings: _____

Location Rating: [1] [2] [3] [4] [5] [6] [7] [8] [9] [10]
Poor ◄───────────── ─────────────► Excellent

Items Found:
_____
_____
_____
_____
_____
_____
_____
_____
_____
_____
_____
_____

Notes:
_____
_____
_____
_____

Location: _____

Date: _____ Weather: _____

GPS Coordinates: _____

Metal Detector Model: _____

Metal Detector Settings: _____

Location Rating: | 1 | 2 | 3 | 4 | 5 | 6 | 7 | 8 | 9 | 10 |
Poor ⬅—————————— ——————————➡ Excellent

Items Found:
_____
_____
_____
_____
_____
_____
_____
_____
_____
_____
_____

Notes:
_____
_____
_____
_____

Location: _____

Date: _____ Weather: _____

GPS Coordinates: _____

Metal Detector Model: _____

Metal Detector Settings: _____

Location Rating: | 1 | 2 | 3 | 4 | 5 | 6 | 7 | 8 | 9 | 10 |
Poor ◄————————   ————————► Excellent

Items Found:
_____
_____
_____
_____
_____
_____
_____
_____
_____
_____
_____

Notes:
_____
_____
_____
_____
_____

Location: _____

Date: _____ Weather: _____

GPS Coordinates: _____

Metal Detector Model: _____

Metal Detector Settings: _____

Location Rating: | 1 | 2 | 3 | 4 | 5 | 6 | 7 | 8 | 9 | 10 |
Poor ⟵   ⟶ Excellent

Items Found:
_____
_____
_____
_____
_____
_____
_____
_____
_____
_____
_____
_____

Notes:
_____
_____
_____
_____

Location: _____

Date: _____ Weather: _____

GPS Coordinates: _____

Metal Detector Model: _____

Metal Detector Settings: _____

Location Rating: | 1 | 2 | 3 | 4 | 5 | 6 | 7 | 8 | 9 | 10 |
Poor ◄───────────── ─────────────► Excellent

Items Found:
_____
_____
_____
_____
_____
_____
_____
_____
_____
_____
_____
_____

Notes:
_____
_____
_____
_____

Location: _____

Date: _____ Weather: _____

GPS Coordinates: _____

Metal Detector Model: _____

Metal Detector Settings: _____

Location Rating: | 1 | 2 | 3 | 4 | 5 | 6 | 7 | 8 | 9 | 10 |
Poor ⟵ ⟶ Excellent

Items Found:
_____
_____
_____
_____
_____
_____
_____
_____
_____
_____
_____
_____

Notes:
_____
_____
_____
_____

Location: _____

Date: _____ Weather: _____

GPS Coordinates: _____

Metal Detector Model: _____

Metal Detector Settings: _____

Location Rating: | 1 | 2 | 3 | 4 | 5 | 6 | 7 | 8 | 9 | 10 |

Poor ◄━━━━━━━ ━━━━━━━► Excellent

Items Found:
_____
_____
_____
_____
_____
_____
_____
_____
_____
_____
_____

Notes:
_____
_____
_____
_____
_____

Location: _____

Date: _____ Weather: _____

GPS Coordinates: _____

Metal Detector Model: _____

Metal Detector Settings: _____

Location Rating: | 1 | 2 | 3 | 4 | 5 | 6 | 7 | 8 | 9 | 10 |
Poor ⬅——————   ——————➡ Excellent

Items Found:
_____
_____
_____
_____
_____
_____
_____
_____
_____
_____
_____

Notes:
_____
_____
_____
_____

Location: _____

Date: _____ Weather: _____

GPS Coordinates: _____

Metal Detector Model: _____

Metal Detector Settings: _____

Location Rating: | 1 | 2 | 3 | 4 | 5 | 6 | 7 | 8 | 9 | 10 |
Poor ⬅——————— ———————➡ Excellent

Items Found:
_____
_____
_____
_____
_____
_____
_____
_____
_____
_____
_____

Notes:
_____
_____
_____
_____

Location: _____

Date: _____ Weather: _____

GPS Coordinates: _____

Metal Detector Model: _____

Metal Detector Settings: _____

Location Rating: | 1 | 2 | 3 | 4 | 5 | 6 | 7 | 8 | 9 | 10 |
Poor ⬅—————— ——————➡ Excellent

Items Found:
_____
_____
_____
_____
_____
_____
_____
_____
_____
_____
_____

Notes:
_____
_____
_____
_____

Location: _____

Date: _____ Weather: _____

GPS Coordinates: _____

Metal Detector Model: _____

Metal Detector Settings: _____

Location Rating: [1] [2] [3] [4] [5] [6] [7] [8] [9] [10]
Poor ←―――――― ――――――→ Excellent

Items Found:
_____
_____
_____
_____
_____
_____
_____
_____
_____
_____
_____

Notes:
_____
_____
_____
_____

Location: _____

Date: _____   Weather: _____

GPS Coordinates: _____

Metal Detector Model: _____

Metal Detector Settings: _____

Location Rating: | 1 | 2 | 3 | 4 | 5 | 6 | 7 | 8 | 9 | 10 |
Poor ◄——————   ——————► Excellent

Items Found:
_____
_____
_____
_____
_____
_____
_____
_____
_____
_____
_____
_____

Notes:
_____
_____
_____
_____

Location: _____

Date: _____ Weather: _____

GPS Coordinates: _____

Metal Detector Model: _____

Metal Detector Settings: _____

Location Rating: | 1 | 2 | 3 | 4 | 5 | 6 | 7 | 8 | 9 | 10 |
Poor ←——————   ——————→ Excellent

Items Found:
_____
_____
_____
_____
_____
_____
_____
_____
_____
_____
_____
_____

Notes:
_____
_____
_____
_____
_____

Location: _____

Date: _____ Weather: _____

GPS Coordinates: _____

Metal Detector Model: _____

Metal Detector Settings: _____

Location Rating: | 1 | 2 | 3 | 4 | 5 | 6 | 7 | 8 | 9 | 10 |
Poor ⬅————— —————➡ Excellent

Items Found:
_____
_____
_____
_____
_____
_____
_____
_____
_____
_____

Notes:
_____
_____
_____
_____

Location: _____

Date: _____   Weather: _____

GPS Coordinates: _____

Metal Detector Model: _____

Metal Detector Settings: _____

Location Rating: | 1 | 2 | 3 | 4 | 5 | 6 | 7 | 8 | 9 | 10 |
Poor ⬅————————   ————————➡ Excellent

Items Found:
_____
_____
_____
_____
_____
_____
_____
_____
_____
_____
_____
_____

Notes:
_____
_____
_____
_____
_____

Printed in Great Britain
by Amazon